LES SPORTS DES LIGUES MAJEURES

LA LNF

Un livre de la collection Les branches de Crabtree

B. Keith Davidson

CRABTREE
Publishing Company
www.crabtreebooks.com

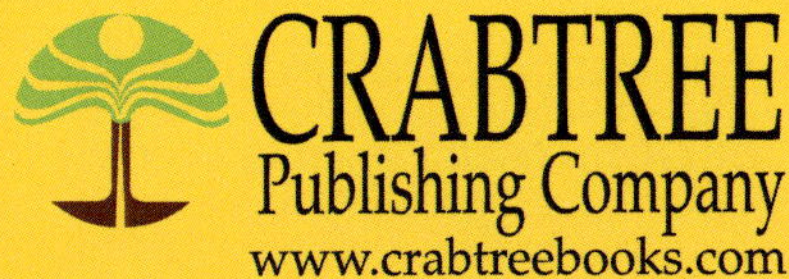

Soutien de l'école à la maison pour les parents, les gardiens et les enseignants

Ce livre très intéressant est conçu pour motiver les élèves en difficulté d'apprentissage grâce à des sujets captivants, tout en améliorant leur fluidité, leur vocabulaire et leur intérêt pour la lecture. Voici quelques questions et activités pour aider le lecteur ou la lectrice à développer ses capacités de compréhension.

Avant la lecture

- *De quoi ce livre parle-t-il?*
- *Qu'est-ce que je sais sur ce sujet?*
- *Qu'est-ce que je veux apprendre sur ce sujet?*
- *Pourquoi je lis ce livre?*

Pendant la lecture

- *Je me demande pourquoi...*
- *Je suis curieux de savoir...*
- *En quoi est-ce semblable à quelque chose que je sais déjà?*
- *Qu'est-ce que j'ai appris jusqu'à présent?*

Après la lecture

- *Qu'est-ce que l'auteur veut m'apprendre?*
- *Nomme quelques détails.*
- *Comment les photographies et les légendes m'aident-elles à mieux comprendre?*
- *Lis le livre à nouveau et cherche les mots de vocabulaire.*
- *Ai-je d'autres questions?*

Activités complémentaires

- *Quelle est ta section préférée de ce livre? Rédige un paragraphe à ce sujet.*
- *Fais un dessin représentant l'information que tu as préférée dans ce livre.*

TABLE DES MATIÈRES

LES PREMIÈRES PARTIES

Les premières parties de football ont été jouées entre des équipes collégiales, 50 ans avant la formation des premières ligues professionnelles. Ce sport ne ressemblait en rien à ce que nous connaissons aujourd'hui. Le ballon ne pouvait pas être porté et les joueurs devaient frapper le ballon avec le pied ou lui donner un grand coup pour qu'il atteigne la zone de but.

FAIT AMUSANT

Dans les premières parties de football, l'équipe locale décidait des règles que les équipes devaient suivre.

LE BOTTÉ D'ENVOI

Une partie de football commence avec un botté d'envoi. Le botteur place le ballon sur un tee de plastique et le botte vers le terrain. L'équipe adverse essaie d'attraper le ballon et de le rapporter à son but. L'équipe peut aussi choisir de « mettre un genou à terre ». Si un joueur s'agenouille avec le ballon dans sa zone de but, son équipe commence à ligne des 25 verges.

La première partie a été jouée le 6 novembre 1869 entre les universités Rutgers et Princeton. Rutgers a gagné.

LE QUART-ARRIÈRE

Il est difficile de savoir quelles habiletés font un bon quart-arrière. Est-ce ses passes précises? Ou sa capacité de déjouer la stratégie de la défense? Le quart-arrière est souvent comparé à un général qui dirige son armée sur le terrain.

Il y a 32 équipes dans la LNF, mais seulement 20 ont déjà gagné un Super Bowl.

L'ATTAQUE AU SOL

Les porteurs de ballon, les centres-arrières et même le quart-arrière peuvent courir avec le ballon s'ils ne peuvent pas faire de passe. Garder le ballon est parfois plus sécuritaire que le passer, parce que cela ne donne pas de chance aux joueurs de la défense d'attraper le ballon et de le rapporter vers leur propre but.

Ronald Jones, porteur de ballon pour les Buccaneers de Tampa Bay, saute par-dessus Byron Murphy, demi de coin pour les Cardinals de l'Arizona.

FAIT AMUSANT

Pudge Heffelfinger (20 décembre 1867 – 2 avril 1954) est généralement considéré comme le premier joueur de football professionnel. Il a reçu 500 $ pour jouer une seule partie avec l'Allegheny Athletic Association en 1892. Il a fait le seul touché de la partie.

LE RECEVEUR ÉLOIGNÉ

Dès la remise, le receveur éloigné décolle de la ligne de mêlée et court selon un trajet prédéterminé appelé tracé. Son travail consiste à attraper le ballon lancé par le quart-arrière. Parfois, les receveurs éloignés doivent lutter pour avoir le ballon. Ils plongent dans les airs pour l'attraper avec leurs mains ou, comme David Tyree, avec leur casque.

FAIT AMUSANT

Certains partisans disent que l'attrapé avec le casque de David Tyree est l'un des meilleurs jeux de tous les temps au Super Bowl. Avant cette partie, David Tyree avait attrapé seulement cinq passes pendant toute la saison et il avait échappé toutes les passes qui lui étaient destinées lors de l'entraînement de la veille.

LA LIGNE OFFENSIVE

Le joueur de centre est l'homme au milieu de la ligne offensive. Quand il remet le ballon, lui et le reste des joueurs de la ligne offensive sont alignés devant leur quart-arrière. Leur travail est de donner à leur quart-arrière suffisamment de temps pour faire un jeu et aider à percer la défense de l'autre équipe.

LA DÉFENSE

Le travail de la défense consiste à empêcher les adversaires d'avancer sur le terrain et de les forcer à leur remettre le ballon. Les joueurs défensifs marquent aussi des points quand ils plaquent les joueurs qui courent avec le ballon dans leur zone de but, ou quand ils retournent une interception en vue d'un touché.

Les Falcons d'Atlanta jouent contre les Jets de New York au Mercedes Benz Stadium d'Atlanta, en Géorgie.

FAIT AMUSANT

Vontae Davis est le seul joueur de l'histoire à prendre sa retraite pendant une partie. Il est parti à la mi-temps. Son équipe, les Bills de Buffalo, a perdu 31-20 contre les Chargers de Los Angeles.

UNE VERGE APRÈS L'AUTRE

Quand l'offensive a le ballon et commence à avancer sur le terrain, il s'agit d'une pénétration. À chaque pénétration, l'équipe tente d'avancer de 10 verges. Chaque équipe a seulement 4 essais pour avancer de 10 verges. Dès qu'une équipe atteint 10 verges, les joueurs recommencent avec 4 nouveaux essais.

FAIT AMUSANT

Le jeu le plus chanceux au football est la passe de 99 verges. Cela se produit quand le jeu commence à la ligne de 1 verge et se termine par un touché. Cet exploit a été accompli par 13 quarts-arrière.

LE TOUCHÉ

Il y a plusieurs façons de marquer des points au football. Marquer un touché rapporte 6 points. Marquer un placement rapporte 3 points. Après un touché, l'équipe qui vient de marquer a le choix de tenter un point supplémentaire en bottant un placement ou 2 points supplémentaires en effectuant une transformation.

Plaquer un joueur de l'équipe adverse dans sa propre zone de but est appelé un touché de sûreté. Il vaut 2 points.

LE SUPER BOWL

À la fin de la saison régulière, 12 des 32 équipes se rendent aux éliminatoires. L'équipe gagnante de l'AFC (American Football Conference) et de la NFC (National Football Conference) s'affrontent au Super Bowl. Cette partie unique détermine le champion de la ligue.

Le premier touché de l'histoire du Super Bowl était un attrapé dans le dos à une seule main par Max McGee des Packers de Green Bay.

Doug Pederson, l'entraîneur principal des Eagles de Philadelphie, célèbre la victoire au Super Bowl LII en février 2018.

FAIT AMUSANT

Six championnats du Super Bowl est le plus grand nombre qu'une équipe a gagnés. Les Steelers de Pittsburgh et les Patriotes de la Nouvelle-Angleterre ont toutes deux accompli cet exploit.

TOM BRADY

CARRIÈRE : 2000 À PRÉSENTEMENT

POSITION

QUART-ARRIÈRE

PARTIES JOUÉES	292
RECORD	224-66-0
VERGES PASSÉES	76 481
TOUCHÉS PAR LA PASSE	559

PATRICK MAHOMES

CARRIÈRE : **2017 À PRÉSENTEMENT**

POSITION

QUART-ARRIÈRE

PARTIES JOUÉES	**38**
RECORD	**30-8-0**
VERGES PASSÉES	**11 311**
TOUCHÉS PAR LA PASSE	**92**

JERRY RICE

CARRIÈRE : 1985 À 2004

POSITION

RECEVEUR ÉLOIGNÉ

PARTIES JOUÉES	303
RÉCEPTIONS	1 549
VERGES	22 895
TOUCHÉS	197

RAY LEWIS

CARRIÈRE : 1996 À 2014

POSITION
SECONDEUR

PARTIES JOUÉES	228
PLAQUAGES	1 084
PLAQUAGES DU QUART	41,5
ÉCHAPPÉS FORCÉS	17

LA LNF

Jouer dans la LNF est le rêve de tout jeune joueur de football. C'est la ligue professionnelle dont la saison est la plus courte : seulement 16 parties. C'est le seul sport majeur en Amérique du Nord qui utilise des parties éliminatoires uniques au lieu d'une série.

Quand la LNF a commencé, il y avait une autre ligue appelée l'AFL. Les deux ligues ont fusionné et forment maintenant les deux conférences de la Ligue, la NFC et l'AFC.

GLOSSAIRE

essais (èss-è) : Une période de jeu à partir du moment où le jeu commence jusqu'au moment où les officiels sifflent pour indiquer la fin du jeu

interception (in-ter-ssep-ssion) : Un attrapé par un joueur de l'équipe défensive au lieu du receveur visé

ligne de mêlée (lign de mè-lé) : Une ligne imaginaire en travers du terrain qu'une équipe ne peut traverser jusqu'au début du prochain jeu

ligne des 25 verges (li-gne de vèrj) : Une ligne marquée qui indique la distance entre chaque verge et la ligne de but

LNF (èl-èn-èf) : La Ligue nationale de football (ou National Football League, NFL), une ligue américaine de football professionnel comprenant 32 équipes

pénétration (pé-né-tra-ssion) : Une série de jeux

placement (pla-sse-man) : Un jeu au cours duquel le ballon est botté entre les deux barres verticales du but

professionnelles (pro-fè-ssio-nèl) : Être payé pour faire ce que les autres font pour le plaisir

remise (re-miz) : Un ballon lancé vers l'arrière par le joueur centre, entre ses jambes

touché (tou-ché) : Un jeu dans lequel le ballon est transporté ou passé dans la zone de but de l'adversaire

transformation (transs-for-ma-ssion) : Un touché marqué pour obtenir des points supplémentaires après un touché de 6 points

INDEX

FAITS INTÉRESSANTS

Josh Cribbs et Leon Washington ont tous les deux le plus grand nombre de touchés de retour de botté : 8.

Le record du plus grand nombre de touchés par la passe au cours d'une partie est de 554, lancés par Norm Van Brocklin le 28 septembre 1951.

Jerry Rice a réalisé plus de touchés – 208 au total – que tout autre joueur.

SITES WEB POUR D'AUTRES FAITS INTÉRESSANTS

Les sites Web sont en anglais seulement.

https://www.dkfindout.com/us/sports/football/

https://kids.kiddle.co/American_football

http://www.kids-sports-activities.com/how-to-play-football.html

À PROPOS DE L'AUTEUR

B. Keith Davidson

B. Keith Davidson a grandi en jouant avec ses trois frères et une foule d'enfants du quartier. Il a appris la vie par les sports et l'activité physique. Il enseigne maintenant ces jeux à ses trois enfants.

Production : Blue Door Education pour Crabtree Publishing
Auteur : B. Keith Davidson
Conception : Jennifer Dydyk
Révision : Tracy Nelson Maurer
Correctrice : Ellen Rodger
Traduction : Annie Evearts
Coordinatrice à l'impression : Katherine Berti

Couverture : Photo du haut © Shutterstock.com/ EFKS, (joueurs) ©Todd Rosenberg / Associated Press, p. 4-5 : Library of Congress PD, p. 6 : © istock.com/Willard. p. 7 : © Jerry Coli/Dreamstime.com (haut), © Joe Sohm/Dreamstime.com (bas), p. 8 : ©shutterstock.com/Mark Herreid. p. 9 : ©shutterstock.com/Steve Jacobson (haut), ©AllProReels, Creative Commons Attribution-Share Alike 2.0 Generic license (bas), p. 10 : ©shutterstock.com/davrilg. p. 11 : ©shutterstock.com/Steve Ja-cobson, p. 12 : © Jerry Coli/Dreamstime.com. p. 13 : ©Associated Press/Gene Puskar, p. 14-15 : ©shut-terstock.com/Jamie Lamor Thompson (toutes), p. 16 : ©shutterstock.com/davrilg. p. 17 : ©shutterstock. com/Jamie Lamor Thompson, p. 18 : ©shutterstock.com/Robert Pernell. p. 19 : Lawrence Weslowski Jr/Dreamstime.com, ©shutterstock.com/Kirsten Thompson, p. 20 : ©shutterstock.com/Debby Wong. p. 21 : © Lawrence Weslowski Jr/Dreamstime.com, © Yobro10/Dreamstime.com (médaillon), p. 22 : NFL art rendition© Zhukovsky/Dreamstime.com. p. 23 : ©shutterstock.com/Matt Smith Photographer, p. 24 : ©Associated Press/Steve Luciano, p. 25 : ©Associated Press/Jason Behnken, p. 26 : © Jerry Coli/Dreamstime.com, p. 27 : © Jerry Coli/Dreamstime.com, p. 28 : © Yobro10/Dreamstime. com, ©istock.com/amysuem. p. 29: © Sports Images/Dreamstime.com

Crabtree Publishing Company
www.crabtreebooks.com 1-800-387-7650

Publié aux États-Unis
Crabtree Publishing
347 Fifth Avenue
Suite 1402-145
New York, NY, 10016

Publié au Canada
Crabtree Publishing
616 Welland Ave.
St. Catharines, Ontario
L2M 5V6

Imprimé au Canada/082021/CPC

Catalogage avant publication de Bibliothèque et Archives Canada

Available at the Library and Archives Canada